Parramón

EL PAISAJE
PLANETA VIVO

Las palabras con un asterisco *
se explican en el glosario de las páginas 30 y 31.

El paisaje
Primera edición: octubre 1996
© Parramón Ediciones S.A.

Dirección editorial: Jordi Vigué
Editora: Mercè Seix
Texto: Miquel Àngel Gibert
Ilustraciones: Lidia di Blasi
Diseño gráfico: Beatriz Seoane
Dirección de producción: Rafael Marfil

Editado por Parramón Ediciones S.A.
Gran Via de les Corts Catalanes, 322- 324
08004 Barcelona

ISBN: 84-342-1948-4
Depósito legal: B-30.258-96
Impreso en España

ÍNDICE

El paisaje, un decorado vivo

El **paisaje** se define como la combinación en el espacio de los siguientes elementos: el relieve, la vegetación, los animales y los humanos. El **relieve** o forma del terreno (llanuras, colinas, montañas...) sirve de base a los demás elementos, mientras que la **vegetación** es el factor que caracteriza el paisaje: en muchos casos el bosque ocupa todo el espacio disponible, y en otros la agrupación vegetal predominante son los prados, que permiten un amplio campo de visión. Los **animales** también forman parte del paisaje, aunque en la mayoría de los casos procuran ser vistos lo menos posible por razones de supervivencia; con todo, en algunos paisajes, como la tundra, con sus grandes manadas de renos, los animales son un rasgo fundamental.

El paisaje está formado por distintos elementos que, al combinarse entre sí, le dan un aspecto determinado: así podemos hablar de bosques, praderas, desiertos, etc.

Los humanos hemos ido transformando el medio natural a lo largo de la Historia. Los efectos más importantes sobre el paisaje se deben a nuestra acción como creadores y modificadores de éste, destruyendo el relieve (canteras, minas a cielo abierto...), afectando la vegetación (tala masiva de bosques o deforestación...), creando nuevas formas topográficas* (embalses...), etc.

PRECÁMBRICO 4 600-590 m.a. **PALEOZOICO 590-248 m.a.** (m.a. = miles de millones de años

MESOZOICO **Triásico 248-213 m.a.** **Jurásico 213-144 m.a.** **Crefácico 144-65 m.a.**

Si fuésemos capaces de viajar a través del tiempo, podríamos comprobar que los paisajes han ido evolucionando en el transcurso de la Historia. La explicación de este fenómeno es que el **relieve** y las **condiciones climáticas** se han ido modificando de una manera muy lenta, aunque constante. Por poner un ejemplo, en la época de las glaciaciones, en que el hielo rebasaba con mucho sus límites actuales, un gran número de especies vegetales eran distintas a las que conocemos hoy en día, y lo mismo puede decirse con respecto a los animales. En la actualidad, los diferentes paisajes continúan evolucionando, de forma que con el tiempo llegarán a adoptar un aspecto distinto al que ahora podemos contemplar.

El relieve es el soporte de la vegetación y sobre él se han ido instalando las distintas especies vegetales, acompañadas, por ser fuente de alimento, de las diversas especies animales. Los paisajes se distribuyen por la Tierra según el **clima** y el **tipo de suelo:** así algunas plantas sólo crecen en suelos ácidos, otras en suelos salinos, otras en suelos arenosos, etc.

Los paisajes actuales son el resultado de una evolución en la que intervienen muchos factores; uno de los más importantes es el clima.

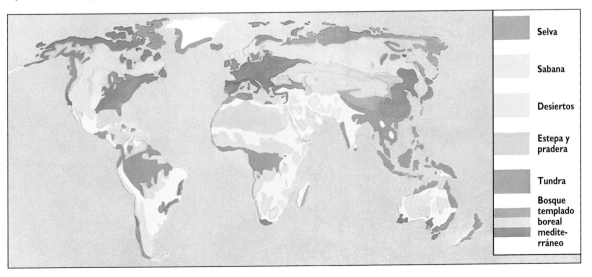

Selva

Sabana

Desiertos

Estepa y pradera

Tundra

Bosque templado boreal mediterráneo

La construcción del relieve

Observando distintos paisajes, podemos percibir la variedad de formas que en ellos tiene el elemento que soporta la vegetación, es decir, el suelo. Así, vemos paisajes de llanura, de líneas horizontales; paisajes montañosos, de líneas abruptas, o bien paisajes con pendientes suaves. El aspecto actual del **relieve** de una zona es fruto de una serie de procesos que allí se han dado.

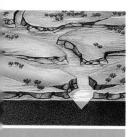

La superficie de la Tierra es continuamente modelada por una serie de agentes que construyen las líneas del terreno donde se asienta la vegetación.

Existen una serie de agentes que hacen que un determinado lugar presente un relieve o perfil topográfico determinado. Algunos de ellos actúan desde el interior de la Tierra, levantando, hundiendo o plegando el terreno, mientras que otros operan desde el exterior, trabajando y desgastando constantemente el suelo, y dándole, por consiguiente, nuevas formas.

Los procesos anteriores se producen de forma coordinada, siguiendo ciclos. Así, las rocas de la superficie terrestre, debido a la acción del agua, el viento y la nieve, se van descomponiendo, y sus fragmentos se depositan luego en zonas hundidas de los océanos o continentes, llamadas **cuencas,** donde se juntan para formar nuevamente rocas.

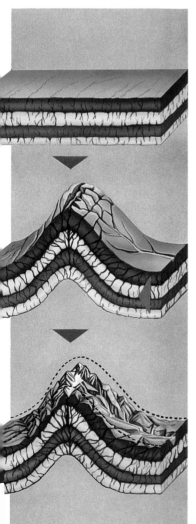

Las placas en las que se divide la capa superficial de la Tierra no son estáticas, sino que se mueven, y, a veces, chocan entre sí. Cuando esto sucede, los sedimentos*, depositados en las cuencas, se ven sometidos a fuerzas que los comprimen, haciendo que se plieguen y se eleven. De esta manera se forman las **montañas.**
Cuando los materiales superficiales son frágiles,

o las fuerzas que actúan sobre ellos son muy intensas, no se producen pliegues sino fracturas. Los bloques resultantes pueden desplazarse entre sí, elevándose, por ejemplo, uno de ellos.
Las estructuras que se derivan de estos desplazamientos son las **fallas.** Las zonas que quedan hundidas, a veces, se rellenan con agua, formándose lagos.

Las fuerzas internas de la Tierra hacen que algunos materiales se eleven formando montañas y otros queden más hundidos, originándose así líneas de diferentes alturas.

El modelado del terreno

Hemos visto cómo se forman los relieves, gracias a la acción de las fuerzas internas del planeta. Ahora, esos nuevos niveles elevados quedan a merced de otras fuerzas, esta vez de carácter externo, que los someten a una continua y lenta transformación. Los agentes responsables de este modelado son la **atmósfera**, la **hidrosfera** (ríos y mares) y, en cierto grado, los **seres vivos**.

El modelado del terreno tiene lugar gracias a los agentes erosivos, que arrancan materiales de un lugar para después transportarlos y depositarlos en otro.

Los agentes atmosféricos (agua, nieve, viento...) y la hidrosfera alteran las rocas superficiales, disgregándolas. A menudo, estos mismos agentes transportan los fragmentos resultantes hasta zonas más o menos cercanas (a una cuenca de sedimentación, por ejemplo), donde se depositan. El conjunto de todos estos procesos recibe el nombre de **erosión**.

Erosión por aguas de torrentera en forma de *dame coiffée*. La roca dura de la parte superior ha protegido de la erosión la roca blanda de debajo.

El principal modelador del paisaje es el **agua.** La lluvia que no se infiltra en el suelo cae por los terrenos inclinados arrastrando consigo materiales de distintos tamaños, de la misma forma que la nieve de las laderas de las montañas. Las lenguas de hielo de los **glaciares** realizan modelados característicos en forma de U con el fondo plano y las paredes verticales.

Los cursos de agua líquida, como los **torrentes** de montaña y los **ríos** también forman relieves característicos. Los torrentes y los cursos altos de los ríos, de gran poder erosivo, excavan lechos en forma de V, mientras que los ríos, cuando discurren sobre rocas blandas, pueden dar lugar a **cañones.** Cerca de las desembocaduras, el modelado se suaviza, perdiendo pendiente.

Cada uno de los agentes erosivos realiza un modelado característico sobre el terreno, como, por ejemplo, los torrentes, con sus típicas formas de embudo.

Las olas y mareas del agua del mar ejercen una acción erosiva sobre las costas, dando lugar a los típicos paisajes de **playas.**
El **viento** también lleva a cabo una acción importante como modelador, sobre todo en los desiertos, donde realiza un "lijado" sobre las rocas. Cuando la arena resultante de dicha abrasión* se sedimenta, puede dar lugar a un paisaje de **dunas.**

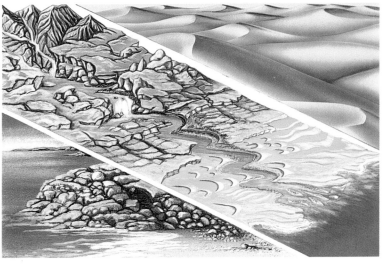

Por qué no hay bosques en los desiertos

Como ya hemos visto, los paisajes han ido variando con el tiempo, y ese cambio se ha producido, entre otras razones, por la evolución del clima en las distintas zonas de la Tierra. El **clima** es uno de los factores básicos que condiciona el paisaje, ya que de él depende la distribución de la vegetación, hallándose a su vez sujeto a la cantidad de **radiación solar** que llega a una zona.

El Sáhara hace 5 000 años

Las zonas más cálidas de la Tierra son las comprendidas entre los trópicos, ya que reciben los rayos del Sol verticalmente durante todo el año.

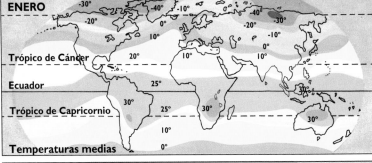

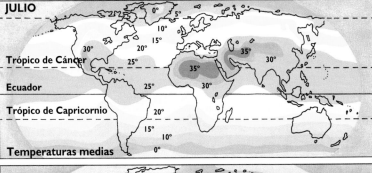

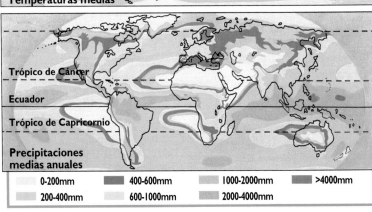

0-200mm 200-400mm 400-600mm 600-1000mm 1000-2000mm 2000-4000mm >4000mm

El **ecuador** es el lugar del planeta que mayor insolación recibe, ya que es allí donde los rayos solares inciden con más perpendicularidad; de ahí sus altas temperaturas a lo largo de todo el año. En cambio, los **polos** son las zonas donde llega menos radiación solar, debido a que la luz del Sol cae sobre ellos de manera más oblicua. Por otro lado, en el ecuador las precipitaciones son muy abundantes: con el calor, las masas de aire húmedo tienen tendencia a elevarse, ya que el aire caliente pesa menos que el frío, y al ascender y enfriarse, el agua que llevan en forma de vapor se condensa y termina cayendo en forma de lluvia. Las masas de aire ahora secas descienden sobre los **trópicos,** lo que provoca que allí las lluvias sean bastante escasas.

El asentamiento de las plantas en un lugar determinado se ve facilitado por el **calor** y la **humedad.** Ello explica que la **selva,** donde se encuentra la mayor masa vegetal del planeta, se encuentre bordeando el ecuador. También resulta lógico que los **desiertos,** en los que las sequías impiden la vida de muchas plantas, se hallen principalmente en los cinturones subtropicales.

El clima también depende de la distancia respecto al mar. El agua, al calentarse y enfriarse más despacio que la tierra, regula la temperatura de ésta. Esto hace que el clima de los litorales sea más suave que el del interior de los continentes. En éstos, las plantas han de soportar temperaturas muy altas en verano y muy bajas en invierno, como sucede en las **estepas.**

Hemos visto la importancia del clima en la formación de uno u otro tipo de paisaje. No debe extrañar, pues, que sobre un mapamundi los dominios de los distintos paisajes terrestres coincidan con las diversas áreas climáticas mundiales, y que a un clima concreto le corresponda un tipo de paisaje determinado. El clima actual del Sáhara, por ejemplo, no permite la existencia de bosques.

La mayor o menor abundancia y variedad de plantas en un lugar determinado depende de la cantidad de agua disponible en éste.

La selva, una explosión de vida

Bóveda

Árboles
intermedios

Epífitas

Árboles
inferiores

En ningún lugar de la Tierra la vida vegetal y animal se presenta con tanta exuberancia como en la **selva.** Desde el aire podemos observar una densa y continua masa arbórea siempre verde y, paseando por su interior, comprobamos que dicha masa está formada por varios estratos de árboles de diferentes alturas que proyectan una intensa sombra sobre el suelo.

Esto limita el desarrollo de arbustos y hierbas, lo que da lugar a un espacio abierto y transitable. Los árboles sostienen infinidad de plantas trepadoras, como las **lianas,** y de plantas epífitas*, como las **orquídeas,** los **musgos,** los **líquenes***, etc. Esta explosión de vida es posible gracias a las altas temperaturas y a las lluvias abundantes y casi constantes que se dan allí a lo largo de todo el año.

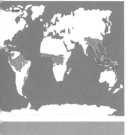

Los dominios de la vegetación selvática se encuentran bordeando la línea del ecuador, donde las condiciones climáticas son prácticamente constantes a lo largo del año.

Las selvas son las zonas del planeta donde se encuentran un mayor número de especies por unidad de superficie, es decir, donde hallamos una mayor diversidad, tanto de plantas como de animales. Así, en una superficie similar a la de un campo de fútbol, pueden existir cerca de 200 árboles distintos. Estos paisajes albergan el 40 % de las especies vegetales y animales de la Tierra.

Sin embargo, curiosamente el suelo de la selva es bastante pobre en sustancias nutritivas. Las continuas precipitaciones lavan el terreno, arrastrando los minerales que en él pueda haber. Las plantas obtienen su alimento de la **descomposición*** que experimentan los restos vegetales, hojas y ramas muertas, gracias a las condiciones climáticas y a los microorganismos*.

El entramado que forman los estratos arbóreos da lugar a una multitud de hábitats* distintos para las especies animales. En las copas de los árboles se mueven hábilmente **monos, serpientes, perezosos** y aves como **loros, colibrís** o **tucanes.** En el suelo se encuentran **roedores, osos hormigueros** o depredadores* como el **jaguar.** La selva es también rica en **insectos.**

Cuando se tala un grupo de árboles de la selva, la luz puede llegar hasta el suelo, y entonces se forma una masa muy densa de arbustos, lianas y juncos que resulta casi infranqueable.

La sabana: el reino de las manadas

Si alguna vez visitas la **sabana** africana, podrás contemplar grandes extensiones de terreno llano tapizado por hierbas altas de hojas gruesas y duras, y árboles que crecen muy separados unos de otros. Los árboles típicos de la sabana son las **acacias espinosas,** con aspecto de parasol, y los **baobabs,** árboles con grandes troncos en cuyo interior almacenan agua.

La sabana se extiende por grandes llanuras y mesetas situadas entre los trópicos, ocupando vastas regiones de América del Sur, África y Australia.

Baobab

Acacia

En las zonas cubiertas por la sabana alternan épocas de sequía con otras de lluvia, siempre bajo un tiempo muy caluroso. Las lluvias largas duran un par de meses, mientras que las lluvias cortas sólo caen durante un mes aproximadamente. En las épocas lluviosas la sabana se llena de flores y recupera su verdor, antes de volver a amarillear con la aridez de la sequía.

Enero	Febrero	Marzo	Abril	Mayo	Junio	Julio	Agosto	Septiembre	Octubre	Noviembre	Diciembre

Otra característica de la sabana es la aparición natural de grandes **incendios.** Durante la estación seca, las hierbas muertas forman una especie de alfombra de paja que quema con mucha facilidad, con lo que el fuego se extiende rápidamente. Las semillas y las partes vegetales subterráneas resisten las llamas y vuelven a brotar con fuerza cuando llega la época lluviosa.

Tras la lluvia, la hierba, que crece con gran rapidez, es devorada por una sucesión de animales: primero vienen las **cebras,** que se comen las hierbas más altas y duras; luego aparecen los **ñus,** que devoran los tallos medianos, y por último llegan las **gacelas,** que mordisquean las hojas más tiernas. Otros animales, como los **elefantes** y las **jirafas,** buscan su alimento en los árboles.

Todos estos herbívoros se agrupan formando inmensas **manadas** que realizan **migraciones*** periódicas de cientos de kilómetros, siguiendo las épocas de lluvia y los ciclos de la vegetación.
Junto con estos animales viven sus depredadores naturales, entre los que se encuentran el **león,** la **hiena** y el **perro hiena.**

La vida en la sabana está marcada por el ciclo de las estaciones: de la desolación en la época de sequía pasa a la lozanía durante los períodos de lluvia.

El desierto:
la supervivencia al límite

Las zonas de la Tierra donde las condiciones de vida resultan más difíciles son los **desiertos.** Éstos se caracterizan por la falta de agua, debida a las escasas precipitaciones, y por las fuertes variaciones de la temperatura. Así, durante el día, la intensa insolación eleva mucho la temperatura, mientras que por la noche hay una rápida pérdida de calor y la temperatura baja bruscamente. Todo ello provoca que la vegetación escasee, y que las pocas plantas que allí viven estén adaptadas a una sequía casi permanente. Los **cactus** y algunos arbustos sobreviven almacenando agua en sus tejidos y transformando sus hojas en forma de **espinas** para transpirar menos. Otras especies poseen largas raíces que les permiten llegar a las zonas profundas y húmedas del suelo.

Los desiertos ocupan aproximadamente una séptima parte de la superficie terrestre, encontrándose distribuidos por los cinco continentes.

Al estar poco protegido por la vegetación, el suelo del desierto sufre una intensa **erosión** a causa de los fuertes vientos y las lluvias ocasionales. Éstas, al caer, se filtran rápidamente o forman riadas y charcos en la superficie. Muchas semillas pueden entonces germinar, surgiendo paradójicamente un verdor, que no tarda, sin embargo, en desaparecer.

A pesar de la aridez del terreno, no es extraño que en algunas zonas profundas del subsuelo se acumule agua como consecuencia de las lluvias que caen de vez en cuando. Este agua circula a cierta profundidad, y, en determinadas circunstancias, aflora a la superficie, dando lugar a los **oasis.** En éstos, y aprovechando la humedad, aparece una vegetación exuberante.

La mayoría de los animales que viven en el desierto tienen hábitos nocturnos, permaneciendo durante el día enterrados, como algunos **reptiles,** o en madrigueras, como en el caso de algunos **pequeños mamíferos.** Para desenvolverse bien por la noche gozan de un fino oído. Su orina suele ser muy concentrada para no perder agua. En el desierto también abundan **arañas** y **escorpiones.**

Seguramente habrás oído hablar del proceso de **desertización** que sufren algunas zonas de la Tierra. El calentamiento general del globo ha hecho disminuir las precipitaciones en dichas áreas, causando una pérdida de vegetación. Ésta, unida a la **deforestación**, realizada por los humanos, ha dejado desprotegido el suelo ante la erosión, que va eliminando su capa más fértil.

Todos los seres vivos del desierto han debido adaptarse a la falta de agua. Muchos animales han desarrollado costumbres nocturnas para no tener que soportar el fuerte calor del día.

Las praderas y las estepas, alfombras de hierba

PRADERA

Las **praderas** y las **estepas** guardan cierta semejanza con la sabana, ya que en ellas también predomina la **vegetación herbácea.** Con todo, en las praderas este elemento se erige en protagonista absoluto. Estos paisajes están constituidos casi exclusivamente por **hierbas** de distintas alturas (algunas de hasta 2 m), quedando los árboles restringidos a las riberas de los ríos.

Las estepas y las praderas se hallan en el interior de los continentes, por lo que no gozan de la influencia suavizadora del mar.

Las praderas y las estepas suelen darse en terrenos llanos o suavemente ondulados del interior de los continentes. Las zonas de pradera se caracterizan por tener inviernos fríos y veranos de elevadas temperaturas, y en cuanto a las precipitaciones, éstas no son abundantes, produciéndose una **sequía estival;** con todo, en general, no existe falta de agua.

ESTEPA

En las estepas, las condiciones climáticas son muy rigurosas, ya que las temperaturas son más extremas, con inviernos muy fríos y veranos ardientes. En ellas, el clima llega a ser **semiárido** y el agua escasea. Por ello, la vegetación esteparia suele estar formada por **hierbas bajas** y **matorrales,** que muchas veces no cubren totalmente el suelo.

PRADERA EN VERANO

Las praderas y las estepas también presentan diferencias con respecto al suelo. Así, el de las primeras es rico y fértil, razón por la cual muchas de ellas han sido transformadas por los humanos en campos de cultivo de cereales, mientras que el suelo de las estepas es más pobre, aunque también éstas son utilizadas como terrenos agrícolas.

PRADERA EN INVIERNO

Praderas y estepas han sido en gran parte alteradas por los humanos para su utilización como campos de cultivo de cereales o pastizales para el ganado.

En ambos paisajes es muy llamativo el cambio estacional: en primavera y principios de verano dominan el verdor y la explosión floral, mientras que en pleno verano la vegetación se seca y no se recupera hasta la primavera siguiente. La fauna predominante, herbívora, consta de **saltamontes, orugas, bisontes, antílopes...,** que conviven con sus depredadores.

Los bosques, una bóveda multicolor

El **bosque** es la vegetación natural de la mayor parte de las **zonas templadas** del planeta. En comparación con la selva, está constituido por un número inferior de especies, y, dependiendo de la región climática donde se encuentre, se diferencia, entre otros, en **bosque mediterráneo, bosque caducifolio templado** y **bosque de coníferas.**

Templado
Mediterráneo
Boreal

El bosque es la vegetación natural de la mayoría de las zonas templadas de la Tierra. Con todo, ha disminuido enormemente debido a la intensa deforestación a que ha sido sometido.

El **bosque mediterráneo** está formado por **árboles de hoja perenne,** pequeña y dura. Esta clase de hoja es capaz de soportar la fuerte insolación y la sequía estival que caracterizan el **clima mediterráneo,** en el que las épocas más lluviosas suelen coincidir con la primavera y el otoño. En este tipo de bosque, los árboles forman masas siempre verdes y abiertas con tres estratos

de vegetación muy marcados: uno superior constituido por sus **copas,** uno intermedio formado por **arbustos** y uno inferior de tipo **herbáceo.** Los arbustos tejen un enmarañado y denso sotobosque* prácticamente intransitable, en el que, sin embargo, animales como los **conejos,** los **jabalíes** o los **zorros** se desenvuelven sin problemas.

Los **bosques caducifolios templados** constituyen magníficos paisajes cambiantes, con un color verde intenso en verano, tonalidades tostadas en otoño y troncos desnudos en invierno. Estos bosques ocupan zonas de **clima atlántico,** con veranos húmedos, inviernos fríos y lluvias más o menos regulares durante todo el año. Sus árboles son grandes, de hoja plana y **caduca,** y entre ellos se encuentran, por ejemplo, las **hayas,** los **olmos,** los **robles,** los **castaños** y los **fresnos.** Su sotobosque es muy pobre en **arbustos,** ya que los árboles forman una bóveda que no deja pasar suficiente luz: sólo

al principio de la primavera, aprovechando que éstos aún no han echado nuevas hojas, crecen distintas **especies herbáceas.**

En las áreas de dominio del bosque boreal, la temporada de crecimiento es muy breve, siendo los árboles de hoja perenne acicular los más adaptados para vivir en ellas.

ÁRBOLES CADUCIFOLIOS

Primavera	Verano	Otoño	Invierno

Los **bosques de coníferas** o **boreales** se caracterizan por estar formados por árboles altos que poseen un tronco recto del que salen ramas cortas. Deben soportar largos inviernos con temperaturas inferiores a los 0 °C durante más de medio año. Los árboles mejor adaptados para sobrevivir en estas condiciones son los **perennifolios** con **hojas aciculares**[*].

La tundra: viviendo sobre el hielo

La **tundra** es un tipo de vegetación que se extiende por el norte de Asia, la península Escandinava, Canadá y Alaska, alrededor del océano Ártico, así como en la Tierra del Fuego, en el extremo inferior de América del Sur. En estas regiones se forman intensas borrascas que originan un clima característico, con largos y fríos inviernos en los que la oscuridad es prácticamente total.

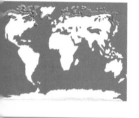

La tundra es la zona de vegetación comprendida entre el bosque de coníferas y los desiertos árticos. La línea de separación entre bosque y tundra la marca el clima.

La tundra está formada por **pequeños arbustos, especies herbáceas, líquenes** y otras plantas que constituyen una vegetación de escasa altura. No hay árboles propiamente dichos, ya que el frío viento invernal, que arrastra cristales de hielo, acaba pronto con cualquier tipo de plantas que sobresalgan por encima de la alfombra vegetal que cubre el suelo.

CAPA VEGETAL

CAPA MINERAL

PERMAFROST

Durante el invierno, las extensas llanuras que ocupa la tundra, barridas por el viento, se encuentran cubiertas de nieve y hielo. Al llegar el verano, las suaves temperaturas sólo consiguen deshelar un finísima capa de la superficie del suelo, por debajo de la cual queda una gruesa capa helada, llamada **permafrost,** donde es imposible el desarrollo de las raíces de los vegetales.

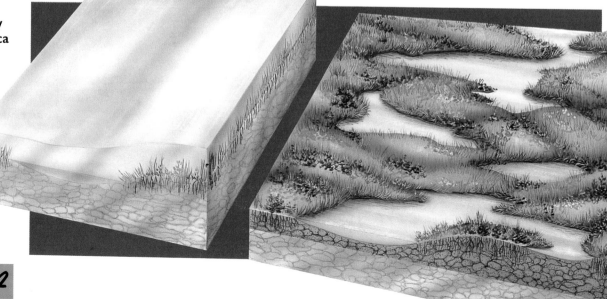

En la tundra los cambios estacionales son espectaculares. En los escasos días de verano, el paisaje adquiere el aspecto de un inmenso prado surcado por corrientes de agua, debidas al deshielo, que forman un continuo conjunto de charcos. Desde los bosques de coníferas situados al sur de la tundra, llegan manadas de **renos, bueyes almizcleros,** y también son numerosas las **aves** que vuelven de regiones más cálidas, donde han pasado el invierno. Al llegar el otoño, todos ellos regresan a sus paradas invernales y sólo los animales adaptados al frío extremo, como el **zorro del Ártico** o la **liebre ártica,** permanecen en la tundra. Otro animal típico de la tundra, el **lemming,** un roedor, es capaz de seguir alimentándose de la vegetación que queda por debajo del manto de la nieve.

VERANO

INVIERNO

Son muy pocos los animales que pueden residir durante todo el año en la inhóspita tundra. El lemming consigue sobrevivir alimentándose de la vegetación enterrada en la nieve.

La tundra es muy sensible a las alteraciones del medio y, si se ha mantenido intacta hasta nuestros días, es porque no ha despertado el interés de los humanos, dado su carácter inhóspito y la imposibilidad de utilizarla para la agricultura. Con todo, últimamente, la búsqueda de petróleo y la construcción de oleoductos* han empezado a poner también en peligro este frágil paisaje.

Pantanos, marismas y manglares: paisajes pasados por agua

En la Tierra existen ciertos paisajes que tienen en común el presentar una gran abundancia de agua, pudiendo ser ésta dulce (pantanos) o salada (marismas y manglares). La presencia de agua se debe a la existencia de acuíferos*, lagos, a la lluvia, al agua del deshielo, etc., en el caso del las zonas húmedas de agua dulce, y a la cercanía del mar, en el de las de agua salada.

Los paisajes húmedos se hallan por todo el planeta. En 1971, había 679 zonas húmedas protegidas, repartidas por 77 países; aunque, existen muchísimas más susceptibles de serlo.

Los **pantanos de agua dulce** están invadidos por **plantas acuáticas,** que pueden encontrarse sumergidas o bien flotando, como los **nenúfares.** Otras plantas, como las **cañas** y los **juncos,** emergen del agua. Algunas de las especies vegetales que crecen en los pantanos poseen tallos con canales que llevan el oxígeno hasta las raíces, que se encuentran bajo el agua.

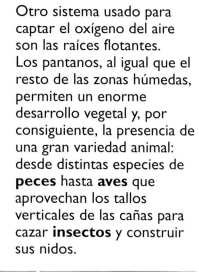

Otro sistema usado para captar el oxígeno del aire son las raíces flotantes. Los pantanos, al igual que el resto de las zonas húmedas, permiten un enorme desarrollo vegetal y, por consiguiente, la presencia de una gran variedad animal: desde distintas especies de **peces** hasta **aves** que aprovechan los tallos verticales de las cañas para cazar **insectos** y construir sus nidos.

Los **pantanos de agua salada** se localizan en regiones costeras tranquilas y resguardadas. En los estuarios[*], por ejemplo, las corrientes, al tranquilizarse, y las partículas de lodo, al depositarse, forman las **marismas.** El lodo así sedimentado, o **cieno,** puede quedar cubierto por el mar buena parte del día. Este medio fangoso es ideal para un cierto tipo de plantas, como la *spartina,* que invade cualquier medio en forma de semilla o de trozo de tallo y no tarda en afianzarse. Las plantas como la *spartina* contribuyen a estabilizar el cieno, de forma que con el tiempo pueden instalarse en él otras especies vegetales menos tolerantes a la inmersión y adaptadas a la presencia de sal, como las **herbáceas de las marismas** y la **estrellamar.**

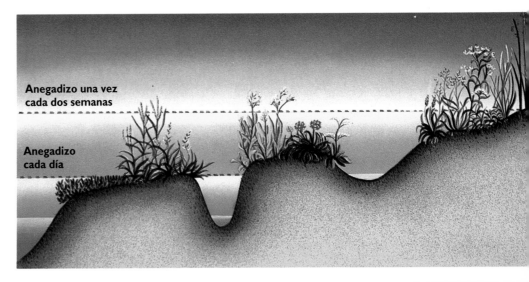

Anegadizo una vez
cada dos semanas

Anegadizo
cada día

Un tipo especial de paisaje húmedo son los **manglares,** situados en las regiones tropicales. Se trata de cienos litorales poblados por **mangles,** árboles de hoja coriácea[*] cuyas raíces están adaptadas a la escasa oxigenación; además, sus semillas, gracias a su forma de arpón, pueden fijarse en el lodo. Los manglares están habitados por algunas especies de **cocodrilos, peces** y **aves.**

Las zonas húmedas se encuentran entre las más productivas de la Tierra, con una gran diversidad de plantas y animales, como el cocodrilo de agua salobre.

Los humanos también modelamos el paisaje

La acción de los humanos en el paisaje es muy compleja e importante, hasta tal punto que, hoy por hoy, se ha convertido en uno de sus principales modeladores, tanto por su incidencia como por la rapidez con que se produce: así, los paisajes naturales que puedes ver han tardado milenios de años en formarse, mientras que los humanos somos capaces de transformarlos en unos cuantos meses.

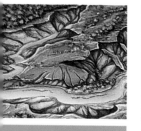

Una de las más graves consecuencias de la acción humana en el paisaje es la desertización, como ha ocurrido en las selvas tropicales.

La agricultura ha introducido importantes cambios en los paisajes naturales, tanto por la aparición de los campos de cultivo como por las graves consecuencias que su abandono puede provocar. Prueba de esto último es la **deforestación** de las selvas tropicales. En éstas, se llevaron a cabo talas masivas para dar una utilidad agrícola al suelo, creyendo que éste era muy fértil; sin embargo, debido a que, como ya sabes, la exuberancia de la selva no es obra de un suelo rico, sino de una buena adaptación de los vegetales que allí viven, al poco tiempo de iniciarse los cultivos debieron ser abandonados al no lograrse que creciese nada de lo plantado. La consecuencia de ello fue que parte de una de las zonas más verdes del planeta se convirtiese en un desierto.

La sabana africana, debido a la agricultura, está desapareciendo, junto con su riqueza de vida animal y vegetal. La causa de ello es que, al no prosperar en ella las plantas de cultivo a causa de las condiciones climáticas, el suelo, desprovisto de su vegetación característica, queda a merced de las fuertes lluvias, que terminan por arrastrarlo y desertizan, así, la sabana.

La urbanización del territorio es uno de los rasgos más característicos del paisaje "humanizado", hasta tal punto que se habla de **paisaje urbano** en contraposición a paisaje natural. El paisaje urbano que puedes observar en cualquier ciudad o pueblo, está constituido por viviendas, industrias, etc. Como puedes comprobar, es totalmente distinto al resto de paisajes.

Entre los distintos paisajes de la Tierra se halla el paisaje urbano, caracterizado por su completa artificialidad, es decir, por haber sido creado en su totalidad por los humanos.

La **industria,** además de afectar el paisaje allí donde se instala, es capaz de influir en paisajes situados a varios kilómetros de distancia. Esto es lo que ocurre con la **lluvia ácida:** los gases ácidos que desprenden muchas industrias son transportados por el viento y, al llover, se disuelven en el agua y caen sobre los bosques, atacándolos de tal modo que se teme por su desaparición.

Juega a ser un modelador del relieve

Como ya has visto, el relieve es el resultado de la acción conjunta de fuerzas internas y externas de la Tierra. Con barro, puedes intentar imitar en casa dichas fuerzas y crear un relieve. Toma un trozo de barro y dale forma de bloque alargado. Luego, apriciónalo por ambos lados encima de una mesa. Verás cómo el bloque se eleva por el centro formando una montaña.

Repite lo anterior con más bloques y forma con ellos un relieve imaginario, con montañas y valles. Después, con una lija, imita la acción del viento y de la lluvia, desgastando las elevaciones. Cuando las montañas se originan, son muy pronunciadas, pero después de haber sido erosionadas se vuelven redondeadas. Así, es fácil saber si una montaña es joven o vieja.

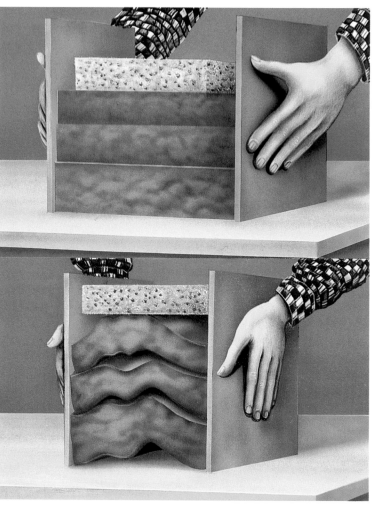

Si ahora imitas la acción del agua de los ríos regando tu relieve, verás cómo las partículas resultantes de la erosión se depositan en sus zonas más deprimidas. Para completar tu maqueta, puedes añadirle materiales que imiten la vegetación, para, de esta manera, formar un paisaje como los que ya has visto.

Las montañas, un compendio de paisajes

Posiblemente, aunque hayas subido en tu vida a más de una montaña, no te habrás fijado en cómo se modifica el paisaje con la altitud. Esto se hace más evidente cuanto más alta es la montaña. Los cambios en la vegetación que puedes observar al ascender se deben a la progresiva disminución de la temperatura a medida que te alejas del nivel del mar: es como si realizaras un viaje en dirección a los polos. De esta manera, si vas de excursión a una montaña muy elevada, tendrás la oportunidad de pasar de los bosques caducifolios a la tundra, atravesando la diversidad de paisajes que te encontrarías si viajases hacia los polos.

Glaciar

Sin vegetación

Pastos alpinos

Bosque de coníferas y pastos

Bosque caducifolio y mixto

Tierra de cultivo

"Zoológicos" vegetales

Las orquídeas, como otras plantas tropicales, pueden encontrarse en lugares muy distantes de su hábitat natural. Esto es posible gracias a los invernaderos, recintos donde se recrean las condiciones adecuadas para su crecimiento. Los invernaderos dejan pasar la luz solar pero se controla la temperatura y la humedad.

29

GLOSARIO

Abrasión. Desgaste de las rocas debido al roce del viento y al embate de las olas del mar.

Acicular. Se dice de la hoja larga y delgada, en forma de aguja, como, por ejemplo, la del pino.

Acuífero. Terreno capaz de almacenar agua en una capa determinada del subsuelo. Ésta puede ser captada de forma natural (manantiales) o artificial (pozos).

Coriácea. Que tiene una consistencia parecida a la del cuero.

Depredador. Animal que mata a otros animales (presas) para alimentarse.

Descomposición. Proceso por el cual algunos seres vivos transforman la materia orgánica muerta (hojarasca, cadáveres...) en materia inorgánica (agua, sales minerales...). Esta materia inorgánica

sirve de alimento a los vegetales.

Epífita. Planta que vive sobre otra planta, utilizándola simplemente como soporte físico.

Estuario. Amplia desembocadura de un río, donde se mezclan el agua dulce del río y la

salada del mar debido a la acción de las mareas. Aunque son lugares de acumulación de lodos, en los estuarios se han levantado importantes puertos a lo largo de la historia.

Hábitat. Serie de condiciones ambientales en las que se desarrolla la vida de una determinada especie.

Líquen. Organismo formado por la asociación de un alga y un hongo que viven en colaboración mutua. Es de pequeño tamaño y puede crecer en sitios muy diversos, tales como suelos, troncos de árboles y muros.

Microorganismo. Organismo vivo que no puede ser visto sin la ayuda de una lupa o de un microscopio.

Migraciones. Desplazamientos de ida y vuelta que realizan algunas especies al variar las condiciones climáticas del área donde viven habitualmente.

Oleoducto. Tubería de gran longitud utilizada para transportar a gran distancia el petróleo y sus derivados líquidos, desde sus yacimientos hasta las refinerías o los puertos donde cargan los petroleros, y desde éstos hasta sus lugares de distribución o de consumo.

Sedimento. Fragmentos de materiales transportados por el viento, el hielo, los ríos o el mar, que se depositan en un lugar determinado.

Sotobosque. Vegetación formada por matas y arbustos que crece bajo los árboles de un bosque.

Topografía. Conjunto de características que presenta la superficie de un determinado lugar.